SUITE

DES RÉFLEXIONS

D'UN JURASSIEN

SUR L'ÉMEUTE

DE LONS-LE-SAUNIER.

1843

SUITE

DES RÉFLEXIONS

D'UN JURASSIEN

SUR L'ÉMEUTE

DE LONS-LE-SAUNIER.

————o◦o————

> Ceux qui, sans nous connaître assez, pensent mal de nous, ne nous font pas de tort : ce n'est pas nous qu'ils attaquent, c'est le fantôme de leur imagination.
> Le contraire des bruits qui courent des affaires ou des personnes est souvent la vérité.
> LA BRUYÈRE.
> DES JUGEMENTS.

En faisant paraître nos premières réflexions sur l'émeute de Lons-le-Saunier, notre but a été d'éclairer les faits par les circonstances qui les ont accompagnées, et d'obtenir pour les prisonniers plus d'indulgence qu'on ne semblait généralement disposé à leur en accorder. Sur ce dernier point, comme sur tous les autres, nous n'avons suivi que notre conviction.

Il est fort rare de voir l'émeute surgir par un mouvement spontané, où le peuple se montre et marche comme un seul homme. Presque toujours l'émeute est préparée quelque temps d'avance. Des hommes qui veillent, attentifs à en saisir, à en faire naître l'occasion, attendent, pour égarer le peuple, et le diriger ensuite au gré de leur intérêt. Ainsi, nous l'avons remarqué pendant le pillage du château de Courlans. C'est sur ceux-là que nous avons appelé toute la rigueur de la loi.

Les pommes de terre n'ont été que le prétexte et non la

cause de l'émeute : c'est notre opinion, confirmée par le maire de la ville de Lons-le-Saunier dans sa proclamation.

Ces bruits sinistres qui précèdent l'orage s'étaient fait entendre bien avant le jour où il a éclaté. Ce qui suffit pour démontrer que l'émeute de Lons-le-Saunier n'était pas un fait isolé, fortuit, c'est qu'on a entendu assurer sur plusieurs points, pendant le pillage, que Macon, Dijon, etc., étaient le théâtre de pareils événements ; et quand le château de Courlans a été achevé de piller, on a entendu des voix s'élever, désignant les habitations, les caisses que l'émeute devait piller : ces faits ne sauraient être contestés.

Les hommes qui ont été jugés par la cour d'assises n'étaient assurément pas les meneurs. Quelques-uns ont été égarés par l'exemple, par la facilité, par les circonstances, dont quelques-unes, que nous avons signalées, ont pu les tromper ; d'autres ont saisi avec avidité l'occasion qui se présentait, volant par instinct et par habitude. Mais, il faut le dire encore, les hommes coupables du pillage avaient déjà subi une prison de six mois, et leurs bras étaient nécessaires à la subsistance de leurs familles.

Il y a une partie du peuple dont les appétits ne sont point sans danger ; qu'il faut savoir contenir, et que surtout il ne faut jamais exciter. Nul châtiment ne les saurait corriger ; ils sont dans sa nature : tout ce qu'on y peut, c'est de les surveiller et de les arrêter. Selon nous, l'émeute de Lons-le-Saunier tient à un plan qui a existé d'exciter du trouble, plan vaste confié à des agents pour l'exécuter ; notre conviction sur ce point n'a jamais varié, et elle a été partagée. Alors qu'un pays vient d'être déchiré par des commotions malheureuses, le trouble peut être envisagé comme un moyen que l'on emploie pour arriver à ses fins.

Lorsque l'émeute de Lons-le-Saunier a été un fait accom-

pli, deux devoirs, imposés par la société, restaient à remplir :
— la punition des coupables et la réparation des dommages causés par l'émeute.

Ceux des coupables qu'on a pu arrêter, ont été jugés il y a plus de deux ans.

La réparation des dommages est encore attendue.

C'était au tribunal de Lons-le-Saunier à la prononcer. — Il a refusé de juger.

Ayant annoncé dès l'abord l'intention de se récuser, on l'a prié long-temps et sans succès de donner à sa volonté une forme qui permît de porter la demande devant un autre tribunal. C'est pour en obtenir une réponse ou un jugement, qu'à la fin on a pris le parti d'assigner devant lui les communes de Lons-le-Saunier, Montmorot et Courlans.

Faut-il dire ici que nous avons toujours regardé qu'assigner la commune de Courlans et même celle de Montmorot, était un luxe d'assignation tout à fait superflu, ainsi que nous aurons occasion de le démontrer?

Le tribunal de Lons-le-Saunier a accueilli la demande en réparation de dommages qui a été formée devant lui; il a accordé les délais qui lui ont été demandés par la ville pour assigner en garantie les communes de Chilly, Messia, Courlaoux et Saillenard.

Montmorot, qui d'abord n'avait songé à assigner en garantie que Chilly, Messia et Courlaoux, a voulu, plus tard, réparer son oubli, et a assigné Saillenard.

Courlans a assigné les communes de Chilly, Messia, Courlaoux et Saillenard.

On a dû croire, lorsque ces diverses assignations eurent été faites, que le tribunal de Lons-le-Saunier avait changé de disposition, qu'il laisserait instruire l'affaire devant lui et qu'il la jugerait.

Ainsi s'est passée toute l'année, car ce n'est que le 16 mars 1841 que le tribunal de Lons-le-Saunier a fait connaître sa volonté de ne pas juger, c'est-à-dire un an après l'émeute.

Un avocat de Paris, qui a été chargé de la conduite de cette affaire, a cru devoir adresser à la cour de cassation la demande en règlement de juges; cette fausse route a fait perdre plusieurs mois.

D'autres retards sont venus ensuite par la volonté de la ville, qui a voulu recommencer devant la cour la série des assignations en garantie. Considérant ces demandes comme des moyens de retarder la justice, la cour s'y est refusée, et a renvoyé l'affaire pour être jugée devant le tribunal de Besançon.

Qu'il nous soit permis de dire notre pensée sur l'étrange prétention de la ville dans sa demande en garantie à l'égard des communes.

Quand on se récrie contre une loi, au moins ne devrait-on pas chercher à en étendre l'application jusqu'à l'absurde, à moins que ce ne soit un moyen nouveau de la combattre.

La loi de vendémiaire rend la commune responsable des excès commis par ses habitants, lorsque la commune a négligé d'employer les moyens qui étaient en son pouvoir de prévenir ou d'empêcher ces excès. La première condition de la responsabilité qu'elle impose, c'est l'attroupement, parce que l'attroupement est le premier caractère de l'émeute; qu'il est apparent, et qu'on peut par conséquent essayer de le disperser.

Quand la commune a fait tout ce qu'elle a pu, elle est quitte envers la loi, envers tous. La loi de vendémiaire est une loi qui veut l'ordre, qui confie à tous la tranquillité de chacun : c'est une loi juste qui ne condamne point à l'impossible.

L'émeute s'est formée à la ville ; c'est là que des attrou-
pements ont annoncé dès la veille les dispositions du peuple.
Des mesures que l'on a considérées comme imprudentes, loin
de calmer l'effervescence, avaient augmenté l'irritation. L'é-
meute est arrivée puissante à Montmorot ; et comme une
avalanche, peut-on dire, elle a entraîné avec elle ce qu'elle
a rencontré. Dans le tumulte de l'émeute, les habitants de
Montmorot, amis de l'ordre, ont-ils pu prendre aucune mesure capable de retenir ceux qui cédaient à l'entraînement ?
Il y a plus, c'est à peine s'ils ont pu s'en apercevoir.

Que s'il a été impossible à la commune de Montmorot
d'empêcher le pillage du château de Courlans, combien, à
plus forte raison, la commune de Courlans, placée à quelques centaines de mètres du château, plus éloignée de la
ville, n'a pu voir l'émeute que lorsque le château était en-
vahi. Qui peut s'attendre qu'une commune peu considérable,
dont les habitants, disséminés sur divers points, éloignés du
point de l'attaque par leurs travaux, puissent se rassembler
d'abord, pour venir ensuite combattre une foule en furie ?

Ne voyant aucune troupe, aucun secours arriver, la
commune de Courlans a dû croire que le noyau de l'émeute
était encore à la ville, que toutes ses forces étaient em-
ployées à la combattre, que tout essai de résistance pouvait
être dangereux ou tout au moins inutile. Les fauteurs de
troubles manquent-ils jamais d'ailleurs de répandre le bruit
que de pareilles scènes se passent en même temps en divers
endroits ?

Les habitants de la commune de Courlans, dont aucun
n'a été arrêté, *même préventivement*, comme coupable de vol
ou pillage du château, ont fait tout ce qu'ils ont pu, en pro-
testant par leur conduite contre l'événement dont, malgré
eux, leur commune a été le théâtre.

À ces réflexions, dans lesquelles la force de la vérité nous a entraînés, nous ajouterons que les communes de Chilly, Messia, Courlaoux, Saillenard, ne peuvent sérieusement être recherchées pour le fait d'un ou deux de leurs habitants qui se sont trouvés mêlés à l'émeute de Lons-le-Saunier.

La loi, il faut y revenir, ne condamne la commune qu'autant qu'elle a été coupable de négligence; la condition nécessaire à la condamnation, c'est le rassemblement : or, ni Chilly, ni Messia, ni Courlaoux, ni Saillenard n'ont pu s'opposer à un rassemblement qui n'a jamais existé chez eux.

En adoptant ce système, on arriverait à cette conséquence impertinente que la commune de France la plus éloignée pourrait être responsable des faits de l'un de ses habitants qui, voyageant dans un département où surgirait une émeute, s'y trouverait mêlé.

La loi de vendémiaire ne décharge point l'autorité du soin de veiller au maintien de l'ordre ; non sans doute : mais il peut arriver, ainsi que nous l'avons vu, qu'une force d'inertie vienne paralyser sa volonté ; c'est ce que la loi punit et veut empêcher.

La punition infligée à la négligence, c'est la réparation des dommages ; et pour arriver à cette réparation avec des conditions de justice et d'impartialité, la loi a voulu que les pertes fussent constatées et leur estimation faite dans un bref délai, alors qu'on pût juger des choses les ayant sous les yeux.

Il était peut-être dans les attributions du procureur du roi du lieu où s'était commis le pillage de faire procéder à l'estimation des pertes occasionées par l'émeute ; n'en faisant rien, l'autorité, conformément à la loi, a chargé le directeur des contributions directes du département et le maire de Courlans d'aller, avec son adjoint et un membre du conseil municipal, visiter les lieux, pour constater les pertes et en faire l'estimation.

Dans ce choix d'un fonctionnaire le plus élevé de son administration, de l'autorité municipale du lieu, ayant intérêt à la vérité, se trouvaient réunies toutes les conditions d'exactitude et d'impartialité. Tellement que de quelque part que jût venu l'ordre d'estimer les pertes, il eût été impossible d'ajouter aux précautions si sagement prises.

Aussi, lorsque le chiffre qui résume cette estimation a été connu en ville, c'est-à-dire le soir même, il n'a nullement été trouvé exagéré. Quelques-uns, au contraire, ayant vu les lieux, s'attendaient à le trouver plus élevé. Il est vrai qu'alors l'émotion causée par l'événement avait fait taire les passions, même celles intéressées à cacher la vérité.

Pourquoi la ville, sagement conseillée, n'a-t-elle pas alors proposé une transaction? Cette proposition eût été acceptée avec empressement et modération par le propriétaire, qui, désirant habiter sa terre, centre de ses affections et de ses affaires, eût été heureux d'éviter les tracasseries et les difficultés de toute espèce, suite trop ordinaire d'un semblable procès. Ce qui ne permet aucun doute, c'est qu'il a été à Paris, exprès pour obtenir un dédommagement du gouvernement, afin de n'avoir rien à poursuivre dans le Jura. Plusieurs ouvertures ont été faites par lui pour arriver à une transaction.

Outre l'estimation qui a été faite par le directeur et l'autorité municipale, après le pillage, il y a encore deux autres estimations des mêmes objets; l'une, par le propriétaire, pour être remis au procureur-général, qui l'a demandée; l'autre par la ville de Lons-le-Saunier. Mais, avant d'entrer dans aucun détail au sujet de ces deux estimations, nous devons nous reporter au lendemain du pillage, alors qu'on vit dans un des ses deux journaux, LE PATRIOTE DU JURA, un article qui, après avoir dit *que les habitants des villages voisins de Courlans, profitant de l'émeute, avaient été se jeter sur le château*, ajoute *que le caractère de l'émeute est la vengeance du peuple; vengeance motivée par des vexations odieuses exercées depuis longtemps par le propriétaire, fléau du pays, qu'il exploitait au moyen d'une fortune immense et d'une industrie que les tribunaux retenaient avec peine dans la légalité.*

Quel motif a pu dicter une semblable accusation dans un pareil moment, alors que l'ordre était à peine rétabli?

La haine, ne fût-ce que par pudeur, se fût montrée plus généreuse envers un ennemi abattu. Et celui qui venait d'être pillé, n'avait aucun ennemi particulier, reconnu par quelque fait ou circonstance à pouvoir citer; et ce qui prouve qu'il n'avait aucun ennemi acharné, c'est qu'alors qu'il eût été si facile de le frapper, d'attenter à sa vie, soit chez lui, où plusieurs lui ont parlé, soit lorsqu'il a traversé les groupes à plusieurs reprises, pendant le pillage; puis, dans la soirée et le lendemain, en allant en ville, seul et à pied : aucune insulte ne lui a été faite.

Le motif de cette accusation aussi vague que perfide, on n'a pu l'attribuer qu'à l'intérêt, et ce qui a donné plus de force à cette pensée, c'est que depuis on n'a cessé de la renouveler sous toutes les formes, malgré que la fausseté en fût évidente.

On a voulu arriver à cette conséquence, que si les habitants des campagnes avaient fait le pillage et la dévastation, sur eux seuls pèserait toute la responsabilité morale et matérielle.

Que si celui qu'on peint de si noires couleurs était le

fléau du pays, s'amoindrit ainsi le blâme du pillage et peut-être la réparation des pertes.

A cette logique pressante rien ne manque que la vérité. Et sans la vérité, l'accusation n'est plus qu'une infâme calomnie qui donne la mesure des moyens employés par ceux qui se la sont permise.

Les débats de l'instruction criminelle ont démontré que ce n'est pas les habitants des communes qui ont fait le pillage; car, à l'exception de Montmorot, où l'émeute a entraîné en y passant plusieurs de ses habitants, les pillards sont étrangers aux villages. Courlans n'en a aucun, Chilly et Saillenard un seul par commune, et Courlans et Messia deux; tous les autres sont de la ville.

Comme il faut rendre justice à tout le monde, même à ceux dont on a pillé la maison, nous examinerons plus tard celui qu'on a accusé d'être le fléau du pays.

La déclaration du propriétaire, touchant la valeur des objets qui lui ont été enlevés ou brisés, a été à son tour l'objet d'une accusation d'exagération; il est vrai qu'elle a été portée par des hommes qui, par la position qu'ils avaient prise, n'ont pu s'en dispenser, étant tombés dans une exagération évidente dans un sens opposé.

Il serait peu étonnant qu'il se fût trouvé dans cette déclaration plusieurs erreurs sur la valeur des objets : dans des jours si remplis d'émotion, qui pourrait se flatter d'estimer au juste tout ce qui se trouvait chez lui? Mais la pensée qui a dominé, c'est la vérité; ce qui le prouve, c'est l'empressement du propriétaire à la dire sur un point, le seul où il eût pu, sans crainte, se permettre l'exagération. Qui, en effet, avec sa fortune qu'on se plaisait toujours à grossir, les affaires importantes et multipliées qu'on lui connaissait, se fût étonné qu'une somme considérable se fût trouvée au château lors du pillage?

Tout au contraire, il a dit de suite qu'heureusement il se trouvait peu d'argent. Empressement qui lui nuisit, car le directeur ayant cru entendre qu'il n'y en avait point, refusa tout à fait d'en accorder dans son estimation; erreur évidente, puisque les débats de l'affaire criminelle ont prouvé que lorsque le secrétaire de la maîtresse de la maison a été enfoncé, on a jeté des pièces de cinq francs à pleines mains par les fenêtres, et que des hommes ont été vus emportant des sacs d'argent sous leurs blouses.

Une autre preuve de la modération du propriétaire qui n'admet point de réplique, est qu'il a accepté l'estimation du directeur, malgré que, sur plusieurs points, elle soit au-dessous de la vérité, et, avec la dernière évidence, sur l'argent monnoyé qui se trouvait au château, comme nous venons de le prouver, ainsi que sur les titres, papiers, billets, quittances, etc., qui tous ont été enlevés et pour lesquels le directeur n'a rien accordé.

Qui mieux que celui qui a perdu un objet peut en connaître la valeur? Son intérêt peut l'égarer. Mais les dispositions annoncées par ceux qui doivent le dédommager, doivent-elles inspirer confiance?

Que si, par malheur, l'autorité se fût montrée négligente à remplir le vœu de la loi, n'eût point fait constater et estimer les pertes par le directeur et l'autorité municipale, en serait-il résulté que le dommage fût resté sans réparation? ou bien qu'un simulacre de réparation n'eût servi qu'à éluder la volonté expresse du législateur? Eût-on laissé l'estimation à la discrétion de ceux qui doivent la payer?

La plus exacte de nos sciences cherche la valeur inconnue par la valeur connue: c'est, en effet, le meilleur guide pour arriver à la vérité. Ainsi ont fait le directeur et l'autorité municipale : jugeant des objets enlevés par ceux dont les débris étaient sous leurs yeux, par l'ensemble des choses, ils n'ont pas hésité à donner aux bijoux, au linge, à l'argenterie, l'estimation portée par le propriétaire.

Peut-on raisonnablement admettre que celui qui partout avait abondance (*) et quelquefois surabondance dans les objets utiles comme dans les objets de luxe, manquait de linge, qu'il fût obligé d'emprunter de l'argenterie quand il avait du monde à dîner (**), et que tous les bijoux de sa femme, de ses filles, fussent sans valeur, comme on l'a dit.

Pour juger ce que contient une maison, il faut connaître le caractère, les habitudes de celui qui l'habite. Que de différence dans les goûts et les manières d'être ! et quand des goûts d'abondance se portent sur toute une habitation vaste, qui, outre deux salons, la salle de billard, la bibliothèque, la salle à manger, etc., la chapelle, contient plus de dix chambres de maître, abondamment garnies, depuis les caves jusqu'aux greniers, il faut s'attendre à un chiffre qui se ressent de cette abondance.

Il faut regretter, nous le répétons, que la ville n'ait pas été disposée à une transaction, qui eût pu être d'autant plus modérée, qu'aux pertes matérielles des objets enlevés ou pillés, d'autres pertes plus considérables ne se seraient point ajoutées. Il ne faut pas se le dissimuler, l'abandon d'une propriété considérable, d'affaires multipliées laissées en souffrance, l'obligation de créer un établissement nouveau, les

(*) Sa cave contenait plus de 6,000 bouteilles de vin de toute espèce.
Ses remises contenaient six voitures suspendues, savoir : un coupé de ville, une calèche de ville, une calèche de voyage, un phaëton, un tilbury et une voiture dite de chasse, restés intacts.
On a trouvé plus de vingt-cinq pains de sucre à la chambre des provisions.
La chaussure a étonné par le nombre de bottes et de souliers.

(**) Lorsqu'il y avait au château, comme nous l'avons vu, jusqu'à cent personnes réunies à souper, on peut croire que des couverts ont été empruntés.

voyages, les pertes causées par l'éloignement, dépassent celles qui ont été estimées.

Il nous reste à parler de la troisième estimation, celle qui a été faite par la ville, quinze jours après le pillage.

Une maladie survenue au directeur ne lui ayant pas permis d'adresser à l'autorité son rapport estimatif, la ville a profité de ce moment pour solliciter l'autorisation de visiter de nouveau le château de Courlans, et de faire, à elle seule et sans contrôle, une nouvelle estimation des objets; ce qu'elle obtint.

Nous n'entrerons point dans les détails qu'elle contient. Au point de vue où nous nous sommes placés, les chiffres s'effacent, les faits seuls se montrent éclairés par les circonstances qui les ont accompagnés.

Il suffit de dire que cette estimation, le directeur l'a qualifiée dans son rapport d'œuvre de la haine et des passions, et que l'autorité, aussitôt qu'elle lui fut connue, a chargé l'inspecteur des contributions de la refaire, ou, si l'on veut, de la réviser.

Ceux qui en ont été chargés, étrangers au conseil municipal, étaient connus par leurs dispositions très-peu bienveillantes envers celui dont ils allaient estimer les pertes. Pourquoi le contrôleur des contributions qui les a accompagnés, frère d'un homme cité pour une hostilité éclatante envers celui qu'il a remplacé comme maire, en 1830, après l'avoir fait destituer, ne s'est-il point récusé? Ayant accompagné précédemment le directeur dans la visite des lieux, avec l'autorité municipale de Courlans, et ayant partagé l'opinion émise par tous les membres de cette commission, il semble qu'il n'eût pas dû faire partie d'une autre visite.

L'opinion est reine du monde, on le dit; reine capricieuse, clairvoyante quelquefois, aveugle plus souvent; que l'on trompe, comme on trompe toutes les reines et toutes les puissances par des mensonges et des menées adroitement ménagées. Dans ce monde qu'elle gouverne, tout est disputé; et, pour obtenir le prix, suffit-il de le mériter? les voix qui le donnent, on ne les pèse pas, comme chacun sait; on les compte: et Dieu sait comment jugent parfois les majorités.

On dit encore que les sots sont ennemis nés des gens d'esprit, que les faibles envient les forts, que ceux qui ont peu voudraient dépouiller ceux qui possèdent. Que s'il en est ainsi, malheur à ceux-ci, qui sont sans contredit en minorité!

Le nombre, qui est brutal d'ordinaire, l'emportant, il en doit résulter des choses fort à redouter, graves, comme on a pu voir: un homme, tout innocent qu'il est de ce dont on l'accuse, peut voir sa maison pillée, sa vie et celle de sa famille en danger, et son nom injustement décrié. Triste condition de l'homme et de la société ainsi faite!

Des biens de ce monde, il en est un au moins qu'on ne peut nous enlever; il ne dépend que de nous: c'est celui qu'après sa défaite un monarque français a été fier d'avoir sauvé: l'honneur.

L'honneur, prix de nos actions, sentiment qui se suffit, et qu'il faut bien se garder de confondre avec la réputation, dont elle est quelquefois séparée. Soumise aux caprices, aux préventions des hommes, si sujets à l'erreur, la réputation est exposée à des fluctuations diverses, effets des passions de ceux qui l'accordent et quelquefois de l'indifférence de ceux qui la subissent. Pour la conserver pure et intacte, il faudrait vivre au milieu des siens: là, la calomnie serait entreprise vaine; elle essaierait inutilement de vous défigurer.

La calomnie est un moyen d'égarer l'opinion, de la tromper. L'intérêt, lorsqu'il n'est point scrupuleux sur les moyens qu'il emploie, s'en sert comme d'une arme, arme dangereuse, qui, lancée par une main perfide, exercée, va loin; sans le vouloir, chacun en assure le succès, et loin d'en détruire l'effet, le temps, qui affaiblit tout, l'augmente.

Qui, de sa vie oisive ou occupée, veut donner un jour, une heure, pour s'assurer de la vérité? Qui emploie de son temps pour détruire l'erreur qui sert à l'amusement de la malignité? Les mauvais propos, on les écoute, en disant, il est vrai, qu'on n'y croit pas; mais on les répète : heureux s'il ne leur arrive comme à l'œuf, dont parle le Bonhomme, qui, unique le matin, avant la fin du jour, grâces aux commères, au nombre de cent était monté.

Nous avons dit la vérité sur les choses, sans crainte d'être démentis, et tout prêts à donner la preuve de la justesse de nos assertions; nous allons également la dire sur les hommes.

Quand on habite la campagne et qu'on a une grande activité de corps et d'esprit à satisfaire, il faut être agriculteur ou chasseur: n'est pas chasseur qui veut. Là est le secret de ces travaux continuels qui se succédaient, aussitôt remplacés qu'achevés.

C'est en 1825 que le propriétaire actuel de la terre de Courlans en fit l'acquisition. Faire un placement de fonds et rapprocher sa femme d'une sœur qui habite sa terre à quelque distance de Courlans, en fut le motif.

Là s'offrait un champ vaste aux travaux de toute espèce à qui n'en était pas effrayé. Le château était dans un état déplorable; il fut entièrement réparé; la distribution changée. Le jardin potager, la basse-cour, les murs, les menus bâtiments qui encombraient le tour de l'habitation disparurent. Des cent hectares de prés, de terre, de vignes, de bois, qui l'entouraient, on fit une vaste prairie où se trouvaient disséminés des bouquets de futaie, des massifs de bois, de vigne, d'arbres résineux, formant un parc auquel il ne manquait que des murs pour clôture; remarquable par ses eaux, ses points de vue, et l'agrément de sa position, variée par des mouvements de terre gracieux.

Les produits de ces prairies, tant naturelles que luzerne, augmentées encore des trèfles provenant d'autres terres plus éloignées, permettant d'entretenir un bétail nombreux, on fit construire dans la nouvelle basse-cour des écuries pour contenir cent vingt bœufs ou vaches, sans compter les chevaux de luxe et les chevaux de travail. Ce nombre n'est point exagéré; on a pu voir soixante vaches réunies dans deux étables et un pareil nombre de bœufs à l'engrais à côté. On a été déterminé à faire consommer les fourrages pour augmenter la masse des fumiers nécessaires aux terres éloignées du parc. Jusque-là les fumiers achetés en ville, en augmentaient le prix, au grand déplaisir de ceux qui s'en trouvaient ainsi privés.

La fabrication des fromages dits de Gruyères était jusquelà le partage exclusif de la montagne: l'air, disait-on, et la qualité des herbes étaient indispensables. Malgré toutes les craintes et les désapprobations, le projet conçu d'établir une fabrique de fromages dans la plaine, à Courlans, fut mis à exécution. Le succès fut complet. Depuis, cette industrie s'est étendue plus avant encore dans la plaine avec un égal succès.

La quantité de cerisiers qui se trouvait à Courlans donna l'idée de faire du kirsch. Au moyen d'un appareil qu'on fit venir de Lyon, cinq cents bouteilles furent livrées au commerce la première année, et furent vendues à l'égal de celui de Fougerolles.

Une maison vaste a été construite à Lons-le-Saunier. Plusieurs autres, devant servir à des locataires aisés ou à des vignerons, le furent à Courlans.

Des travaux de ce genre, montés sur une assez grande échelle, sont agréables sans doute à concevoir, à diriger, surtout lorsque, comme il est arrivé, ils sont suivis de succès. Mais, sous le rapport de l'argent, il ne faut jamais s'attendre à les trouver avantageux. Quelqu'attentif que l'on soit, il est impossible de porter la surveillance aussi loin qu'elle doit aller, surtout lorsqu'on est, par malheur, confiant, défaut reconnu du propriétaire du château de Courlans.

En parcourant un cercle, on l'agrandit. Ainsi il arrive pour les idées, ainsi pour les choses. Aux entreprises agricoles ont succédé les entreprises industrielles, parce que les produits des unes, livrées au commerce, deviennent les éléments des autres.

Un ruisseau, qui traverse une partie du parc de Courlans, dérivé à grands frais sur une étendue très-prolongée, mit en mouvement quatre paires de meules montées selon le système américain. Un très-vaste bâtiment a été construit : le commerce de la localité, dépourvu d'un tel établissement, a pu se procurer des farines remarquablement belles, qu'il était obligé de faire venir de lieux éloignés.

N'ayant pu se procurer de suite un fermier qui voulût exposer des fonds considérables dans un établissement nouveau, le propriétaire se trouva obligé de le faire valoir par domestiques pendant près d'un an. Tenant moins à vendre cher qu'à vendre beaucoup ; tenant à donner à la confection des farines une qualité qui fît distinguer le nouvel établissement, les produits du moulin reçurent un fort bon accueil de tous, du peuple en particulier. C'est plus tard que le mauvais vouloir, exprimé jusque-là seulement par des sarcasmes

et des désapprobations, se montra plus évident : les meu-
niers lui furent hostiles.

Un homme de la localité, ayant sur les lieux parents,
prôneurs, ménageant les influences, fût sans doute arrivé à la
popularité : les éléments qui la font s'y trouvaient ; on en a
vu s'élever haut à moindres frais. Mais, quand on est étranger
à la localité, avec des maximes opposées aux usages sur
presque tous les points, on éveille l'attention ; l'envie se
montre si l'on est riche. Une disposition d'hostilité se révèle
dès l'abord, elle augmente ensuite, surtout si celui qui en
est l'objet vit chez lui, éloigné des cotéries. — On grossit à
plaisir sa fortune pour se montrer plus exigeant ; quelquefois
pour excuser des infidélités.

Une autre entreprise, beaucoup plus importante que toutes
les autres, a été commencée. Des bâtiments ont été construits,
des achats de terrains ont été faits, des matériaux ont été
amenés sur différents points, des marchés ont été conclus
avec des entrepreneurs. Mais l'émeute est venue tout renver-
ser. Il s'agit du transport par eau des marchandises du midi
venant de Lyon dans le Jura, et des marchandises du Jura
exportées à Lyon. Ce transport se fait par terre sur la route
de Bourg. Depuis quelques années, la route de Louhans,
ville où passe la Seille, affluent de la Saône, étant viable
et en bon état jusqu'à Lons-le-Saunier, la pensée est venue à plusieurs de faire le transport des marchandises par
eau depuis Lyon jusqu'à Louhans, et de cette ville devenue
entrepôt, par terre jusqu'à Lons-le-Saunier. Cette pensée,
on allait l'exécuter, et le commerce de Lyon, celui de Louhans, celui de La Montagne, y applaudissaient. Tout per-
mettait de compter, selon la coutume, sur un succès assuré.
L'émeute a fait évanouir toutes les espérances.

Dans l'emploi d'un capital considérable, tant en acquisi-

3

tions, constructions, travaux, fonds roulants, etc., capital qu'il faut mettre bien près d'un million, pour être justes, où s'est trouvée une multitude de parties prenantes, aucune difficulté grave ne s'est élevée. De même que, dans l'acquisition et puis dans la possession d'environ deux cent cinquante hectares de propriétés diverses, acquises par parties, aucun procès n'a été intenté par le propriétaire du château de Courlans. Des difficultés peu importantes ont été souvent élevées par des ouvriers qu'on avait dû renvoyer; le nombre en a été augmenté par les préventions acceptées en certains lieux; ces difficultés étaient inséparables de travaux aussi multipliés, surtout pour un homme arrivant étranger dans une localité, acceptant parfois sans les connaître des ouvriers qui insistaient pour être employés. Car, il faut le dire et le remarquer, jamais aucune difficulté n'est arrivée avec les entrepreneurs, fournisseurs du pays, connus par leur exactitude.

Comment et de quelle manière, dans une telle position, peut-on être le fléau d'un pays?

L'industrie que les tribunaux retenaient à peine dans la légalité, quelle est-elle? Loin de prêter à usure et à la petite semaine, celui dont la maison a été pillée avançait trop facilement de l'argent, sans exiger d'intérêt, à des ouvriers qui se sont montrés ingrats.

Est-ce une allusion aux procès auxquels il a été exposé, qu'il a subi? Ce serait tout au moins une grande maladresse, car ces procès qu'il a perdus en première instance et devant le juge de paix, il les a tous gagnés devant la cour royale; or, ne fût-ce que par respect pour la chose jugée, il faut admettre que la cour de Besançon, qu'on cite partout pour ses lumières, a vu plus clair et a mieux appliqué la loi que le tribunal de Lons-le-Saunier.

Tous les procès n'ont pas été portés devant la cour royale.

Hélas! non. Alors se résignant, dans ces moments si courts où il est permis au condamné d'exprimer sa pensée, il ne pouvait que se dire : Si la cour le savait!!!

En quoi ont-elles consisté ces vexations odieuses? Serait-ce d'avoir fait défendre à des promeneurs indiscrets de parcourir les allées de ses jardins?

On l'a représenté ayant un *despotisme d'autocrate*; c'est là le mot employé. En France, pays de liberté, parfois de licence, il est facile heureusement de s'éloigner de ceux auprès de qui l'intérêt seul retient.

Ce prétendu caractère intraitable dont on l'a gratifié, nous semble démenti par son intimité avec plusieurs hommes distingués, intimité qu'on ne saurait nier, particulièrement avec deux personnes dont le mérite remarquable ne peut plus être contesté; résultat d'une préférence et d'une sympathie réciproques, elles n'ont été rompues que par une force qui l'emporte sur toutes les volontés : le départ et la mort!

Connu de fort peu de personnes, il était, lui et ses projets, en butte aux frondeurs.

On ne lui a jamais connu d'ennemi déclaré, à l'exception de l'ex-maire qui l'a remplacé en 1830. Changeant de position, il eût été reçu avec bienveillance.

Qu'on cite de lui un mauvais procédé! la presse est là, on peut en faire usage. Quelques-uns, au contraire, ont blâmé sa modération.

Un jour, qu'il était venu en ville passer la soirée, que sa voiture était remisée dans le lieu accoutumé de sa maison, un de ses locataires se permit, pendant que le cocher et le domestique avaient été se chauffer, de mettre la voiture dehors, exposant ainsi, à dix ou onze heures du soir, passants, chevaux et voiture à tout ce qui pouvait arriver.

On peut dire que cet usage était incommode, de laisser à

l'entrée d'une maison, quoique fort large, une voiture atte-
lée; mais puisque l'usage en était connu longtemps avant
l'entrée du locataire, que la place avait été disposée à cet
effet en bâtissant la maison; que ce locataire ne l'ignorait
pas, puisqu'il habitait la maison depuis assez longtemps, il
eût été au moins convenable d'adresser au propriétaire ses
plaintes et ses observations, et non se permettre une semblable voie de fait. — Une explication eut lieu, de laquelle
est résultée qu'il n'y avait pas eu d'intention d'offense; et le
locataire obtint une chose qu'il désirait beaucoup, la résilia-
tion de son bail, malgré la forme excentrique de la demander.

Etranger au peuple de la ville, qui n'avait point affaire à
lui, il n'a pu être l'objet de sa vengeance. Le mauvais vouloir du peuple ne pouvait, d'ailleurs, dépasser les propor-
tions de quelques clabauderies au sujet des achats de blé,
de pommes de terre, dont on l'accusait: l'un n'a été qu'un
prétexte, ainsi que l'a reconnu le maire; l'autre n'était pas
plus sérieux. Aucun des deux n'a pu déterminer le pillage;
une volonté plus forte y a présidé; on a donné la préférence
au château de Courlans, plus en vue, plus voisin du lieu de
l'émeute. Il faut que les amis de l'ordre se tiennent en garde
contre la volonté étrangère à la localité qui a déterminé
l'émeute.

La position dans laquelle on l'a placé, malgré lui, de
demander la réparation des dommages qu'il a éprouvés, lui
sera-t-elle comptée comme un tort? Ce serait une injustice.
Que n'a-t-on accepté ses ouvertes? ses pertes alors n'étaient
point augmentées par son départ.

Dira-t-on qu'il pouvait rester? Rester là où un système de
calomnies en multipliait les échos même par la presse;
après être resté, quatre heures durant, exposé à l'émeute,
sans aucun secours!!!

Loin d'être hostile à la ville de Lons-le-Saunier, nous l'avons entendu dire plusieurs fois que là se trouvaient des cœurs nobles, généreux en grand nombre; qu'il y avait des esprits éclairés; mais, à côté, d'autres hommes dont la vanité inquiète......... Peu de mots suffiraient pour les peindre.

Avant d'acquérir des propriétés en Franche-Comté, le propriétaire du château de Courlans en possédait en Nivernais, et avant tout en Flandre, lieu de sa naissance; il n'est inconnu ni à Lille ni à Nevers; il serait facile d'y adresser toutes les questions qu'on voudrait. Déjà plusieurs lettres y ont été adressées; il nous est facile de satisfaire toutes les curiosités, et, sans crainte d'être démentis, d'éclairer l'erreur par la vérité. La famille de celui qui a été pillé est sans tache aucune; sa fortune est sans reproche aucun.

Jusqu'en 1814, lorsqu'il est entré dans l'une des compagnies rouges de la maison militaire du Roi, son temps, dont il était libre, a été employé soit à l'étude, soit à des voyages d'agrément et d'instruction.

Au retour de Gand, où il a été attaché en qualité d'aide-de-camp de M. le général comte Louis de Clermont-Tonnerre, il s'est marié; il a été alors habiter ses propriétés en Nivernais, où, comme à Courlans, il a fait de l'agriculture.

Il faut plaindre ceux qui ont été pillés. Outre les pertes qu'ils éprouvent, qui sont toujours au-delà de ce qu'on imagine; outre les tracasseries dont ils sont l'objet et dont le nombre est infini, il peut arriver que les choses soient disposées de telle sorte, comme nous le voyons, qu'ils se croient obligés de faire une chose, la dernière à laquelle un homme d'honneur se décide, d'entretenir de soi le public.

Signant ces réflexions, nous demandons que les observations qu'on jugera à propos d'y faire soient également signées, et si elles sont faites dans un journal, place pour nos réponses.

VANOY DE FONTEILLE.

Boissettes (Seine-et-Marne), le 25 février 1845.

Melun. — A. C. MICHELIN, imprimeur de la Préfecture.